테마가 있는 튀르키예 여행기

테마가 있는 튀르키예 여행기

발행일	2025년 8월 25일
지은이	이명섭
펴낸이	손형국
펴낸곳	(주)북랩
출판등록	2004. 12. 1(제2012-000051호)
주소	서울특별시 금천구 가산디지털 1로 168, 우림라이온스밸리 B동 B111호, B113~115호
홈페이지	www.book.co.kr
전화번호	(02)2026-5777 팩스 (02)3159-9637
ISBN	979-11-7224-807-9 03920 (종이책) 979-11-7224-808-6 05920 (전자책)

작가 연락처 문의 ▸ ask.book.co.kr

전용 게시판에 문의를 남기시면 저자에게 직접 전달됩니다.

(주)북랩 성공출판의 파트너

북랩 홈페이지와 SNS에서 다양한 출판 솔루션을 만나 보세요!

홈페이지 book.co.kr • **블로그** blog.naver.com/essaybook • **출판문의** text@book.co.kr

카톡채널 북랩

고대 문명과 신앙의 발자취를 따라 떠난 열흘간의 순례
테마가 있는
튀르키예
여행기
이명섭
지음
사진보다 더 진한 감동,
그 풍경보다 더 오래 남은 이야기
칠순의 벗들과 함께 걸은 인생의 순례길, 튀르키예!
북랩

프롤로그

    2024년 가을 어느 저녁, 고교 동창 친구 5명이 와인을 마시며 담소하고 있었다. 한 친구가 "내년이 우리 칠순인데 무어라도 해야 되는 것 아닌가?"라고 운을 떼었다. 친구들 모두 이구동성으로 좋은 생각이라고 맞장구를 쳤다. "무엇을 하면 의미 있고, 즐거울 수 있을까?" 여러 아이디어를 떠올리며 생각을 나눈 끝에 튀르키예로 부부 동반 해외여행을 가기로 의견을 모았다.

    2025년 4월 11일, 오래전 지나가듯 했던 말이 현실이 되어 다섯 부부가 손을 맞잡고 튀르키예로 향했다. 우리는 더 이상 젊지 않지만, 여전히 함께 웃을 수 있고, 함께 걷고, 함께 느낄 수 있는 체력과 감성이 있었다. 무엇보다 서로를 배려하는 마음이 있었기에 열흘이라는 짧지 않은 여행이었지만 알차고 재미있고 화기애애하게 다녀올 수 있었다.

우리 10명만을 위한 맞춤 패키지여행을 위해 튀르키예 전문 여행사의 도움을 받아 여행 계획을 짰다. 여행 일정은 이스탄불에서 시작해 앙카라, 카파도키아, 꼬냐, 파묵칼레, 셀주크, 쿠사다시, 버가모 및 부르사로 이어지다가, 여행의 마지막 전날에 이스탄불로 돌아오는 루트로 구성하였다.

여행지 방문은 다음과 같이 테마 중심으로 계획했다.

•역사와 유산 탐방

아나톨리아 문명박물관, 라오디게아, 히에라폴리스, 밀레도, 에페소스, 버가모, 부르사 등 고대 문명과 오스만 제국의 흔적을 따라 걸었다.

•자연과 풍경 체험

설경이 펼쳐진 카파도키아, 데린구유 지하 도시, 파묵칼레의 석회 절벽, 골든혼의 석양, 보스포루스 해협의 유람선까지, 자연의 아름다움이 발길마다 펼쳐졌다.

•기독교 성지 순례

카파도키아의 동굴 교회와 지하 도시에서 온갖 핍박 속에서도 신앙을 지켜낸 이들의 믿음의 발자취를 볼 수 있었다. 바울의 선교지인 비시디아 안디옥의 고대 도시에 남아 있는 바울 교회 터를 방문했다. 이후 라오디게아, 필라델피아, 사데, 에베소, 서머나 및 버가모로 이어진 소아시아 여섯 교회를 찾아갔다. 비록 지금은 흔적도 없지만 기독교 역사의 숨결을 느낄 수 있었다. 이스탄불의 상징과 같은 아야 소피아에서는 화려하고 웅장한 모습 가운데서 경건한 신앙의 유산을 보고 느낄 수 있었다.

  • 문화와 사람들
  전통 시장인 그랜드 바자르의 명암, 튀르키예의 전통 커피와 애플티를 먹으며 가졌던 여유로움, 오랜 전통으로 숙성된 현지 요리의 깊은 맛, 매 순간 마주친 현지 사람들의 친절함과 배려.

  이 책에는 우리가 여행한 날짜별로 일정과 장소, 눈으로 본 것, 마음에 다가온 느낌과 감동을 중심으로 정리했으며, 여행지의 정보도 함께 담고자 했다.

  이번 여행은 단순한 관광이 아니라, 각자 다른 삶의 무게와 경험이 담긴 친구들의 인생 여정이기도 했다. 여행에서 만난 문화유산과 자연의 풍광은 물론 매우 인상적이고 놀라웠다. 하지만 친구들과 마주 앉아 커피를 마시며 나눴던 담소, 고대 도시의 유적지를 함께 걸으며 나눈 속 깊은 이야기들은 우리가 마주한 어떤 자연과 유적보다도 더 오래 마음에 간직되었다.

  열흘 동안 우리는 함께 걷고, 함께 웃고, 때로는 조용히 마음속으로 추억을 쌓았다. 사진에 담지 못한 순간들, 말로 다 표현할 수 없는 기분 좋은 시간들이 이번 여행을 특별하게 했다.

이 책은 함께 칠순을 맞은 벗들인 동오, 의형, 충범, 인구와 저자 그리고 다섯 배우자가 함께 경험한 여행의 작은 흔적이며, 그 여운을 오래 간직하고 싶은 마음에 남긴 회고다.

끝으로 이번 여행에서 해박한 지식과 정보로 우리 일행을 안전하고 화기애애하게 이끌어 주신 이길상 여행사 대표님께 감사를 전한다.

지금 이 책장을 펼치는 당신도, 언젠가 우리처럼 벗들과 손잡고 멀리 떠나고 싶어질지 모른다.
그때 이 글이 작은 용기가 되기를 바란다.

2025년 8월

이명섭

τηνή
Çorlu
촐루
Silivri
O-7
이스탄불
O-7
이즈미트
İzmit
E80
알로바
Yalova
E90
E88
O-6
Bandırma
부르사
차나칼레
Çanakkale
빌레지크
Bilecik
발리케서
Balıkesir
에스키셰
Eskişeh
E881
퀴타히아
Kütahya
Bergama
아크히사르
Akhisar
아피온카라
히사르
Afyonkara
O-33
우샤크
Uşak
이즈미르
Salihli
Çeşme
O-32
Alaşehir
Be
Mezgit Restaurant
셀추크
파묵칼레
이스파르타
Isparta
아이딘
Aydın
Nazilli
데니즐리
Denizli
부르두르
Burdur
밀레토스
Didim
Milas
무글라
Muğla
보드룸
Bodrum
안탈
Antal
마르마리스
Marmaris
페티예
Fethiye
Kemer
로데스
Ρόδος
카쉬
Kaş

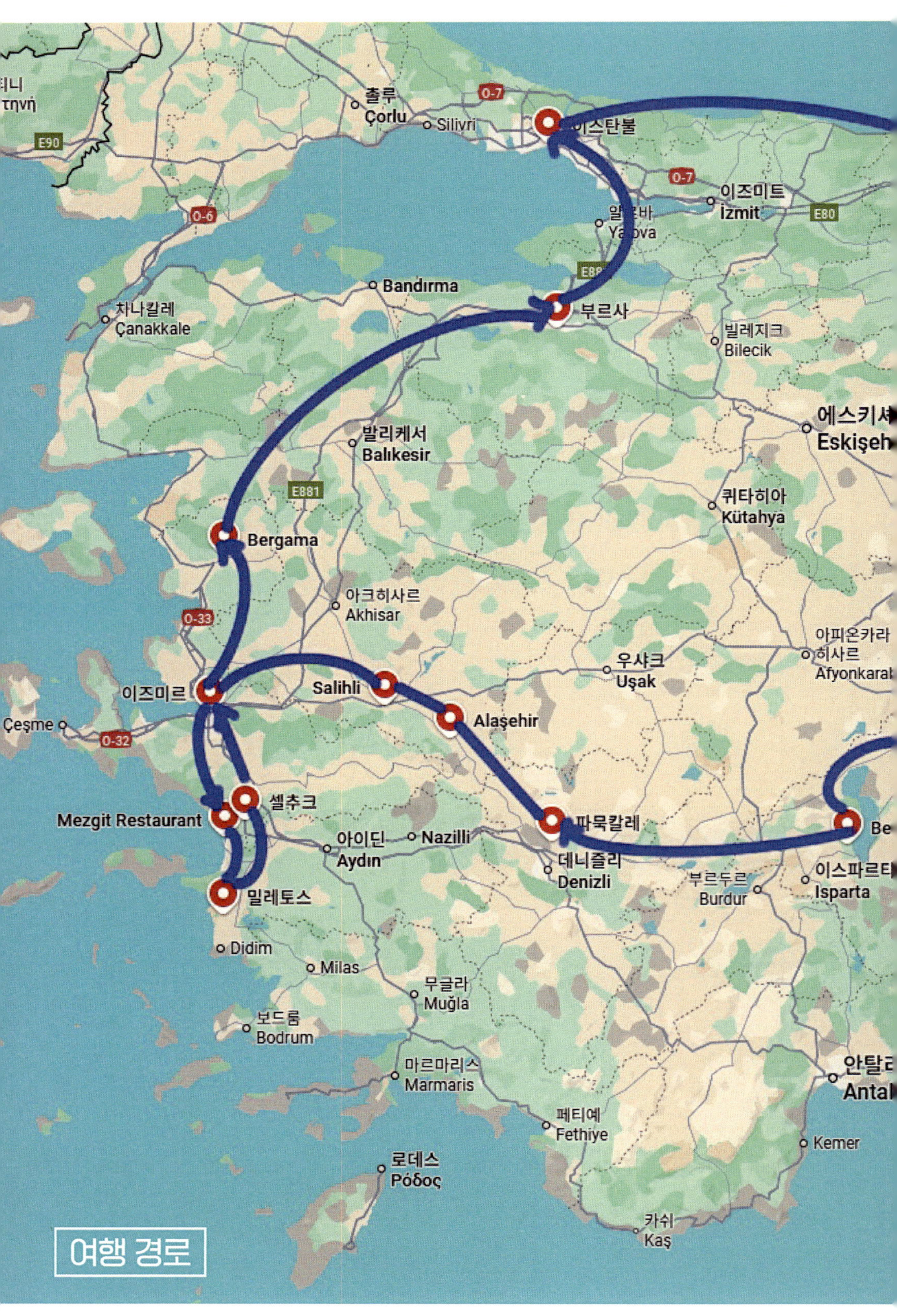

여행 경로

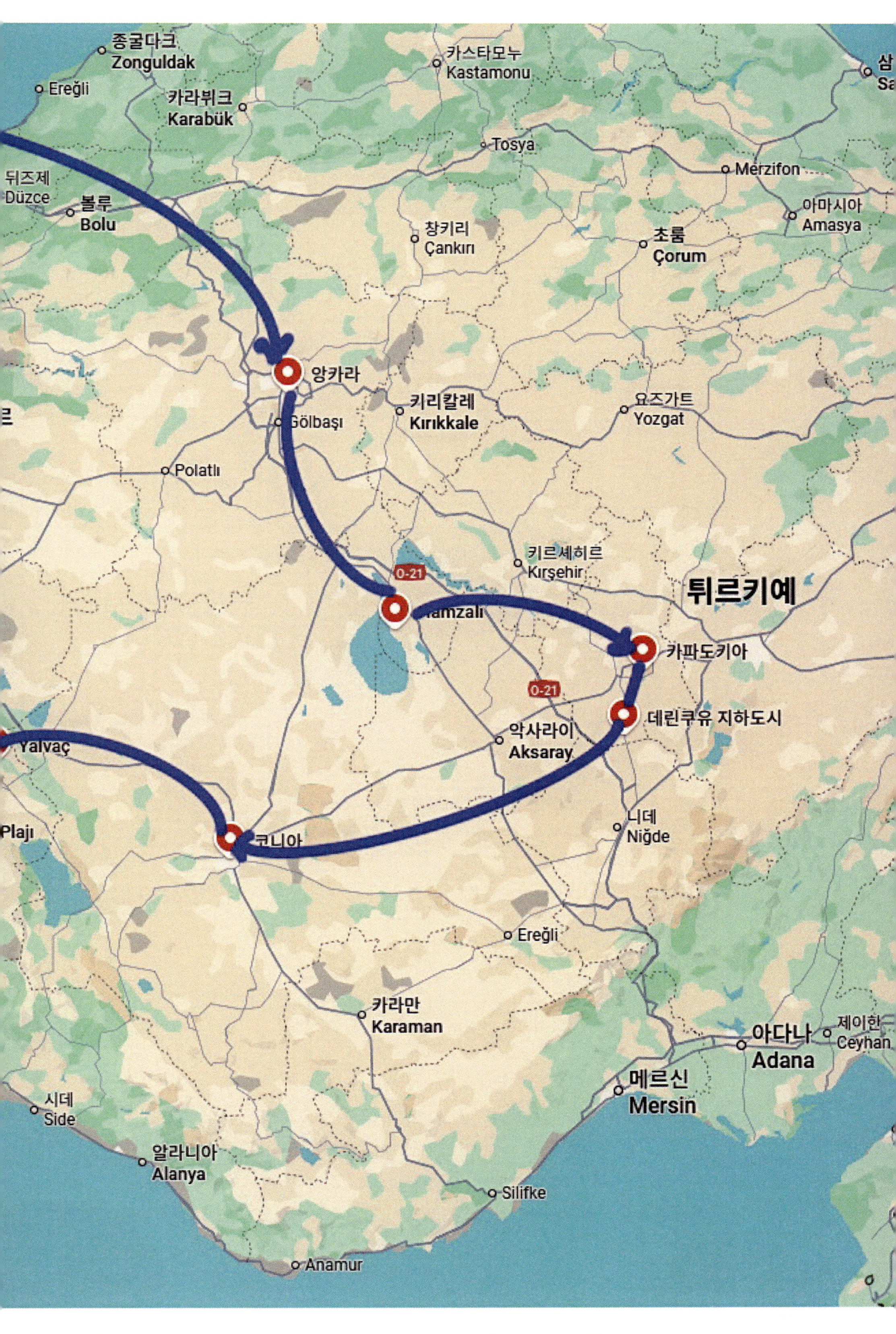

종굴다크
Zonguldak
에레을리
Ereğli
카라뷔크
Karabük
카스타모누
Kastamonu
삼
Sa
뒤즈제
Düzce
볼루
Bolu
토스야
Tosya
메르지폰
Merzifon
아마시아
Amasya
창키리
Çankırı
초룸
Çorum
앙카라
괼바쉬
Gölbaşı
키리칼레
Kırıkkale
요즈가트
Yozgat
폴라틀르
Polatlı
O-21
키르셰히르
Kırşehir
튀르키예
amzalı
카파도키아
O-21
데린쿠유 지하도시
Yalvaç
악사라이
Aksaray
Plajı
코니아
니데
Niğde
에레을리
Ereğli
카라만
Karaman
시데
Side
제이한
Ceyhan
아다나
Adana
알라니아
Alanya
메르신
Mersin
실리프케
Silifke
아나무르
Anamur

차례

1일차
4월 12일 토요일

비 내리는 날의 첫 여정,
고대 문명과 소금 호수

···· ☾★ ····

새벽 5시, 어둠이 채 가시지 않은 숙소 Sheraton 호텔을 출발해 앙카라로 가기 위해 이스탄불 공항으로 향했다. 호텔에서 아침 식사로 샌드위치를 준비해 주었으나 일찍 일어난 탓에 입맛이 없어 먹지 못하고 공항에 도착했다. 드디어 튀르키예 칠순 여행이 시작되는 날이다. 함께한 친구와 배우자들, 모두 뜻깊은 추억을 많이 쌓고 경험하며 건강하게 여행하기를 바라는 마음 간절하다.

8시, 터키항공을 이용해 앙카라로 출발. 약 1시간 소요되었고 여행 첫날의 긴장 탓인지 피곤하지만 잠이 오지 않는다. 출발을 기다리는 비행기 창밖으로 빗방울이 흐르고 있다. 첫날부터 여행이 쉽지 않을까 봐 걱정이 앞선다.

앙카라에 아침 일찍 도착하다 보니 점심시간 전까지 2시간 정도 여유가 있었다. 아나톨리아 문명박물관과 앙카라 성채를 방문하기로 했다.

상황에 따라 여행 스케줄을 바꿀 수 있는 게 자유여행의 묘미가 아닐까. 아나톨리아 문명박물관은 튀르키예 전역에서 발굴된, 선사시대부터 고대까지의 유물을 체계적으로 전시하는 세계적 수준의 박물관이다.

눈이 내려앉은 아나톨리아 문명박물관의 정원이 고풍스러운 박물관 건물과 어우러져 멋진 설경을 선사한다. 하늘은 무채색이지만 이곳에는 찬란한 빛이 감도는 듯하다.

박물관 내부로 들어서면서, 선사 고대 시대로 돌아가는 시간 여행을 떠나게 된다.

박물관의 가장 오래된 유물은 기원전 6천 년경 신석기 시대 정착촌에서 출토된 차탈호윅 유물이다. 그중에서도 다산을 의미하는 여신상과 벽화는 지금 봐도 참 대단한 작품이다.

세계적으로 가장 유명한 신석기 여성 조각상 중 하나인 여신상은 팔걸이 양옆에 표범 혹은 사자가 조각된 의자에 앉아 있어, 자연과 힘, 출산의 상징으로 해석되며 풍만한 가슴과 배, 넓은 허벅지는 생명력과 다산을 상징한다고 한다.

벽면 회반죽 위에 적색, 흑색 안료 사용한 벽화로 사냥 장면을 묘사

기원전 14~13세기경, 히타이트 제국의 수도 하투사에서 출토된 점토판들은 히타이트어로 기록된 외교 문서로, 고대 근동의 외교사를 이해하는 데 중요한 자료다.

책으로만 보았던 쐐기문자, 고레스의 칙령이 우리 눈앞에 있는 게 신기했다. 손바닥보다 작은 점토판에 가득 쓰인 문자를 해독한 고고학자들의 노력에 새삼 경외심이 일었다.

여기 박물관은 히타이트 문명의 보물 창고다.

다음은 프리기아 왕국의 수도 고르디온에서 발굴된, 기원전 8~7세기 만들어진 말, 사자, 양 등 다양한 동물 형상 토기와 포도송이 형상 도기다.

또한 왕의 무덤에서 출토된 세계에서 가장 오래된, 기원전 8세기경 제작된 목재 왕좌 또는 제단을 보면서 감탄을 금치 못했다. 복잡한 기하학적 무늬와 교차 패턴 장식 등을 제작한 프리기아의 공예 기술의 정교함과 예술적 상상력에 찬사를 보낸다.

기원전 700~1000년, 신 히타이트 시대 벽화에는 쐐기문자, 제례 장면, 일상생활, 동물의 모습이 생생하게 부조되어 있다. 그 당시 수호신으로 여겼던 사자를 돌로 만든 사자상은 마치 우리 고궁의 해태와 유사해 보였다.

박물관을 나서니 야외 수업 나온 꼬마들이 눈싸움을 하면서 왁자지껄 지나간다.

박물관을 나와 언덕길을 조금 오르면 앙카라 성채에 닿는다. 성채는 안으로 들어가면 기념품 가게와 식당들이 반겨 주는 평범한 동네로 보였다.

성채 입구

눈 때문에 성채의 탑으로 오르는 길이 통제되어 아쉽게도 성채 정상은 밟아 보지 못했다. 하지만 높은 언덕에서 보는, 살짝 눈 덮인 앙카라 도시 풍광도 꽤 훌륭하였다.

성벽 안 골목길의 오래된 건물에는 여전히 사람들의 일상이 이어지고 있었다. 과거와 현재가 한 공간에서 공존하는 흥미로운 모습이다.

점심은 고급스러운 스테이크 하우스로 안내되었다. 우리는 모르지만 가이드는 식기를 보며 연신 감탄했다. '이 그릇, 진짜 고급이다!'라며 눈을 반짝였다. 스테이크 굽는 정도가 우리와 다른 것 말고는 음식도 훌륭했고 종업원들도 친절하였다. 만족스러운 튀르키예에서의 첫 식사였다.

오후엔 이번 여행의 큰 기대 중 하나인 투즈 호수(Tuz Gölü)를 찾았다. 이곳은 볼리비아의 우유니 소금 호수 다음으로 큰 소금 호수다. 하얀 소금이 햇빛을 받아 반짝이는 멋진 풍광을 기대했지만, 최근 계속된 비로 인해 소금이 물에 잠겨서 평범한 호수로 변해 있었다. 이곳에 오기 위해 항공편으로 카파도키아로 바로 가지 않고, 앙카라를 거쳐 2시간 이상을 버스 타고 왔는데… 허무하다. 더욱이 바람도 불고 날씨도 쌀쌀해서 오래 머물기도 어려웠다.

자연 앞에서 인간은 겸손해져야 한다고 생각하지만 아쉬움은 어쩔 수 없다. 기념사진으로 허전한 마음을 달래 본다.

Tuz Gölü

투즈 호수를 떠나 카파도키아 가는 길에 멀리 눈 덮인 핫산다기산(Mt. Hassan Dagi)이 보였다. 드라마처럼 나타난 멋진 풍경에 소금 호수에서의 허탈함을 조금 달래 본다. 푸른 초원과 설산의 조화로움이 그림 같다.

투즈 호수를 떠나 카파도키아 가는 길에 멀리 눈 덮인 핫산다기산(Mt. Hassan Dagi)이 보였다.

오늘의 최종 목적지인, 지질과 시간이 만들어 낸 매직의 땅, 카파도키
아에 들어섰다. 고원 지대인 이곳은 화산재와 용암이 굳어 단단한 토질
을 만든 후, 화산 피해를 입지 않은 아래의 부드러운 지형이 풍화작용으
로 깎여 나가면서 신비로운 기둥 형태의 모양이 만들어진 곳이다. 자연
은 파괴와 소멸을 반복하며 새로운 아름다움을 빚어낸다.

저녁 무렵 도착한 Acer Cave Hotel은 절벽에 지어진 동굴 호텔이다.
우리들의 방은 지하 4, 5, 7층에 배정되었는데 하나같이 멋진 테라스가
제공되었다. 호텔 로비 기준으로는 지하지만 언덕 동굴을 파서 지은 곳
이라 사실은 언덕 바깥으로 탁 트인 전망을 품고 있다.

테라스에서 바라본 동네 모습에 입이 다물어지지 않는다. 카파도키아에 있는 성채 중 하나인 오르타히사르 성채(Ortahisar Castle)가 눈앞에 펼쳐지다니….

저녁은 숙소 근처 이태리 식당에서 따뜻한 수프, 파스타와 함께 했다. 디저트로 종업원이 적극 추천한 바클라바를 맛보았는데 꿀에 절인 페이스트리와 아이스크림의 조화가 뛰어났다. 달콤함과 차가움의 충돌이 혀끝에서 살살 녹아내렸다.

숙소로 돌아오는 길에 내일 새벽 추위에 대비해 장갑을 샀다. 새벽에 탈 열기구 비용을 인출하기 위해 ATM에서 유로화 인출을 시도했다. 그런데 인출 수수료 0.789%를 7.89유로로 착각해 인출할 뻔했다. 600유로의 인출 수수료가 거의 9만 원이다. 어떤 이유인지 몰라도 금액이 많다고 인출이 안 되었는데 다행이었다.

여행 첫째 날. 기대와 실망, 경이로움과 작은 해프닝이 오롯이 녹아든 하루였다. 비와 눈 내리는 회색 도시에서 시작해 물에 잠긴 소금 호수, 그리고 화산이 만든 신비로운 지형까지.

자연과 시간, 인간의 문명이 교차하는 길에서 우리는 '이방인의 내일'을 향해 나아간다.

2일 차
4월 13일 일요일

눈 내린 카파도키아,
믿음의 동굴 교회들

새벽 4시 30분, 꿈을 꾸듯 일어났다. 오늘은 기다리고 기다리던 열기구 탑승이 예정되어 있는 날. 하지만 새벽 공기를 가르듯 도착한 메시지는 허무했다. "기상 악화로 인해 오늘 열기구는 취소되었습니다." 어젯밤까지는 가능하다고 했던 비행은, 새벽의 눈과 비 앞에서 힘없이 멈춰 섰다. 아쉽지만 내일 새벽을 기대하며 허탈한 마음을 달랬다.

시차 때문에 더 이상 잠이 오지 않아서 집에서 가져온 쿠키와 믹스커피로 허기를 달랬다. 커피 한잔의 온기가 아쉬운 마음에 다소 위로가 되었다.

일찍 일어난 김에 호텔 테라스로 나섰다. 눈 덮인 카파도키아 마을의 풍경이 눈앞에 펼쳐진다. 마치 4월이 아닌 1월에 여행 온 것 같다. 이 고원지대에서 만난 뜻밖의 설경은 열기구의 아쉬움을 단숨에 씻어냈다. "나쁜 일과 좋은 일은 동시에 온다. 무엇을 선택하느냐는 사람 마음에 달려 있다."

호텔 테라스의 포토존에 장식된 말 조형물이 하늘로 힘차게 비상하고 있다.

말이 이 지역의 상징물이라고 들었는데 호텔 방에도 말 그림이 걸려 있었다.

아침 식사 전에 동네를 한 바퀴 둘러보기로 했다. 인적 드문 시골 마을의 아침 풍경이 고즈넉하다.

이곳 오르타히사르 마을은 카파도키아의 전통 마을의 하나로, 오르타히사르 성채와 아담한 모스크가 있는 유명 관광지다.

호텔 조식은 늘 그렇듯 빵이 맛있다. 부드러운 빵 위에 스크램블드에 그를 얹어 먹는 것만으로도 여행의 시작을 느낄 수 있다. 든든히 배를 채운 뒤, 본격적인 카파도키아 탐방에 나섰다.

오늘의 첫 목적지는 괴뢰메 야외박물관(Göreme Open-Air Museum).
괴뢰메 야외박물관 가는 도중에 포토존에 들러 기념사진을 남겼다. 처음 마주하는 카파도키아의 속살 풍경에 모두 넋이 나간 모습이다. 상상 속의 외계 행성에 와 있는 듯한 착각이 들었다.

오르타히사르 성채와 동굴 마을 모습

　야외박물관은 유네스코 세계문화유산으로, 10~12세기에 조성된 수도원 단지가 바위 절벽 속에 밀집되어 조성된 유적지다. 수십 개의 동굴 교회와 수도원, 수도승들의 거주 흔적이 응회암 바위 곳곳에 남아 있다. 특히 동굴 교회 안에 잘 보존된 벽화에서 당시 신앙인들의 진지함과 예술적 감각이 고스란히 느껴졌다.

　야외박물관에 있는 동굴 교회 안내문과, 마치 성채와도 같은 동굴 교회를 처음 마주한 모습.

　여기저기 산재한 동굴마다 예배당과 수도원의 발자취를 볼 수 있었다.

동굴 교회 입구와 선명한 동굴 안 벽화

　카란륵(어두운) 교회는 별도의 입장료를 내야 해서 들어가지 않고 외관만 구경했는데, 그 규모가 상당히 커 보였다. 지진으로 인해 교회 암벽의 상당 부분이 무너져 교회 내부가 훤히 보이게 되었다고 한다. 교회 안에 창문이 매우 적고 빛이 거의 들지 않아 벽화가 잘 보존되었기 때문에 '어두운 교회'로 불리게 되었다.

　야외박물관을 나오는 곳에 매우 큰 동굴 교회가 보인다. 동굴 교회 내부에 기둥(사진의 동그라미 부분)이 있는 것으로 보아 상당히 큰 규모임을 알 수 있었다.

점심은 이 지역의 명물인 항아리 케밥(Pottery Kebab)을 먹기 위해 괴뢰메 지역에서 가장 유명한 전문 케밥 식당 'Bizim Ev'으로 갔다. 입구부터 범상치 않은 전통 동굴 식당으로 괴뢰메의 고급 식당이라고 한다.

불에 달궈진 작은 항아리를 깨뜨려 담아낸 고기와 야채는, 향과 양 모두 훌륭했다. 속속들이 전통이 스며든 깊은 맛이었다.

식사 후 카파도키아의 대표 지형인 파샤바(Paşabağ, 수도승 계곡)로 향
했다. 요정의 굴뚝이라 불리는 바위기둥들이 숲처럼 늘어서 있는 괴뢰
메의 명소다. 바위기둥 아래는 부드러운 응회암(화산재 굳은 것)으로 되
어 있고, 위에는 단단한 현무암이 뚜껑처럼 남아 있는데, 오랜 세월 풍
화와 침식에 지금 같은 요정 굴뚝의 형태가 만들어졌다. 특히 응회암은
부드럽기 때문에 인간이 쉽게 파서 거주 공간, 수도원, 교회를 만들 수
있었다.

탐방 전에 굴뚝 요정 입구에 있는 카페에서 커피와 차를 마시며 친구
들과 담소를 나누는 여유로운 시간을 보냈다.

카페

굴뚝 요정의 기묘한 자연현상에 감탄사가 저절로 나온다. 특히 이곳은 세 개의 머리를 가진 바위 탑들이 많아 더욱 신비로웠다.

고대 기독교 시대, 은둔 수도승들이 실제로 이곳 바위 속에서 수도 생활을 했던 기록이 있으며 바위 안에 파낸 1인용 수도 방, 기도 공간, 창문, 통풍구가 남아 있다고 한다. 들어가 볼 수는 없었지만 수도승들의 삶을 상상하기에 충분했다. 자연과 사람이 함께 만든 공간과 침묵 속에서 신을 향해 나아갔던 누군가의 흔적이 여전히 살아 숨 쉬는 듯했다.

이 지역은 홍수에 의한 침식작용도 활발했다고 한다. 침식된 부분과 안 된 부분이 섞여 묘한 형상을 만들었다. 지표면의 단단한 현무암은 침식이 안 되어서 사진에서 보이듯이 곡선의 띠 형태로 남아 있다.

사진 속에 설치된 동굴 기둥으로 미루어 보아, 상당한 규모의 수도원으로 짐작되었다.

요정의 굴뚝이 마치 동화 속 환상의 세계를 연상케 한다. 일출이나 석양 때는 붉은색과 황금색으로 물드는 장관을 연출한다고 한다. 떠나기 아쉬워 자연스러운 모습으로 기념사진 찰칵.

　다음에 방문한 젤베 야외박물관(Zelve Open-Air Museum)은 파샤바와
는 다른 분위기였다. 이곳은 응회암으로 이루어진 산에 여기저기 동굴
을 파서 생활한 동굴 마을이다.

　지진 활동으로 무너져 내린 동굴의 벽 사이로 여기저기 큰 구멍이 나
있다.

　이곳은 초기 기독교인들이 로마 제국의 박해를 피해 숨어 살던 곳으
로, 바위 안에 만든 수도원, 교회, 주거 공간들이 남아 있다. 이후 이슬람
세력이 이곳을 지배할 때 기독교인들이 이곳으로 다시 숨어들어 동굴 도
시를 형성했다고 한다. 1950년대까지 실제 거주했다고 하니 놀랍다.

이곳은 카파도키아 여행의 필수 여행 코스는 아니라고 한다. 그래서인
지 확실히 관광객이 적었다. 우리 일행은 조용한 분위기 속에서 당시 수
도승들의 삶의 흔적을 따라갔다.

다양한 동굴 교회, 수도원 등을 가까이서 보기 위해서는 약간의 트레
킹이 필요했다.

수도원으로 사용된 교회 내부가 꽤 넓다. 입구 좌우편에 새겨진 십자가가 선명하게 보인다.

앞의 수도원 내부 사진에 나온 수도원 입구를 바깥에서 바라본 모습

수도원의 부엌 시설 등, 생활 흔적도 볼 수 있었다.

　동굴 교회 지역을 지나 계속해서 트레킹 길을 따라가면 주거지로 사용된 동굴들을 만난다. 이곳은 동굴 교회 지역에 비해 덜 무너진 상태로 보인다. 트레킹 도중에 계곡을 배경으로 기념사진 찰칵.

아래 사진 속 계곡 끝에 마을이 보이는데 이곳 동굴 마을에 살던 주민들이 이주한 정착촌이라고 한다. 계곡을 사이에 두고 오른편이 교회와 수도원들, 왼편이 주거지로 나뉘어져 있다.

호텔로 돌아오는 길, 도로 옆에 낙타 형상의 바위가 모습을 드러낸다. 누군가 인위적으로 만든 듯한 절묘한 형상이지만, 이 역시 수천 년 바람과 물이 만든 작품이다. 자연은 가장 위대한 조각가다.

저녁 식당은 직접 고기를 구워 먹는 곳이었는데, 낯선 향신료와 식감 탓에 우리 입맛엔 조금 아쉬웠다. 튀르키예 고기 메뉴는 주방에서 요리하여 서빙하는 게 일반적인데, 요즘은 직접 구워 먹는 방식의 식당들이 점차 늘어나고 있다고 한다.

카파도키아의 마지막 밤, 숙소 테라스에서 본 성채와 호텔 야경이 추억 속에 아른거린다.

3일차
4월 14일 월요일

땅 위 요새와 지하 도시,
그리고 영혼이 춤추는 밤

· · · · ☪ · · · ·

오늘 새벽에도 날씨가 도와주지 않아서 열기구를 탈 수 없었다. 어제 본 환상적인 카파도키아의 자연 경관을 하늘에서 보고 싶었는데… 무척 안타깝다. 언제 다시 올 수는 있을까?

아침 공기는 사뭇 차가웠다. 고도 1,200미터의 고원지대, 카파도키아의 봄은 여전히 겨울의 외투를 입고 있었다. 잔설 위로 희미하게 퍼지는 눈발 속에서 우리는 우치히사르(Uçhisar) 성채로 향했다.

성채 입구에 도착하자 눈발이 내리기 시작했다. 4월에 내리는 눈이라니! 눈발이 흩날리는 성채 앞 포토존에서 친구들과 사진을 찍으며 오랜만에 동심으로 돌아간 기분이었다.

튀르키예어로 '외딴 성'을 의미하는 이 거대한 자연 요새는, 로마와 비잔틴, 오스만 제국 시기까지 수많은 세월을 감시하고 방어했던 바위 언덕이다.

성채의 내부는 복잡한 미로처럼 연결된 동굴 공간으로 이뤄져 있다. 주거지, 창고, 통로, 환기구가 서로 얽히고설킨 구조는 단순한 피난처를 넘어선 삶의 터전이었다. 바위 하나가 도시이며 요새였다.

실제 모습은 성채라기보다는 기묘한 형태의 동굴 아파트 같다. 성채에 뚫린 구멍마다 사람들이 살고 있을 것 같은 착각에 빠진다.

성채 정상까지는 계단을 통해 쉽게 올라갈 수 있었다. 성채 정상에 오른 우리 일행들. 정상 높이 1400m에 눈발이 제법 많이 날리지만 즐거운 표정들이다. 정상에서 내려다보는 비둘기 계곡(Pigeon Valley)의 설경은 장관이었다. 성채를 내려오는데 눈발이 제법 굵어진다. 갑자기 겨울로 돌아간 날씨다.

성채를 떠나 전통 튀르키예식 커피를 체험하는 카페로 이동했다. 버스에서 내리자마자 갑자기 우박이 쏟아진다. 새벽에 눈이 와서 열기구를 못 탔고, 성채 내려오면서 눈발이 제법 흩날려서 위험했는데, 이제 우박까지 내린다. 오늘 날씨, 참으로 변화무쌍하다.

이곳은 우치히사르 성채 앞면과 함께 비둘기 계곡으로 이어지는 포토
존 지역이다. 성채 주변에 동굴 집들이 많이 분포되어 있어 성채를 중심
으로 꽤 많은 인구가 모여 살았음을 짐작게 한다.

　　동굴 카페 방문은 첫 경험이었다. 옹기종기 붙어 앉아서 커피와 차를 천천히 음미한다. 따뜻한 애플티의 상큼한 맛은 진한 튀르키예 커피보다 더 친근하다. 커피에 설탕 두 스푼을 넣으니 달달한 에스프레소 맛이다. 낯선 나라의 동굴 안, 따뜻한 음료 한잔의 위로가 고마웠다.

동굴 카페 내부 모습

오늘 점심은 괴뢰메 중심지에 있는 케밥 식당이다. 구운 고기의 향이 식당 안에 가득했고, 예상외로 입맛에 맞아 다들 좋아했다.

식후 향한 곳은 오늘 여정의 핵심 중 하나인 데린구유(Derinkuyu) 지하 도시다. '깊은 우물'이라는 뜻을 지닌 이곳은 1963년, 한 가정의 개조 공사 중 우연히 발견되었다. 이후 이 지역에만 30개 이상의 지하 도시가 있다는 사실이 밝혀졌고, 데린구유는 그중 가장 깊고 거대한 규모로 알려져 있다.

우리는 조심스레 땅 아래로 내려갔다. 좁은 돌계단, 허리를 숙여야 겨우 지나갈 수 있는 통로, 거대한 바위 문이 침입자를 막을 수 있도록 설치되어 있는 등 지하 60미터까지 이어지는 지하 세계가 펼쳐졌다.

바위 문

형벌 기둥

지하 교회, 공동 우물, 학교, 환기구, 창고… 수천 명이 수개월간 살아도 버틸 수 있는 도시였다. 고대 토목 기술의 정수이자, 종교로 인해 핍박받던 사람들의 절박한 믿음이 빚은 기적이었다. 한때 이곳에 약 2만 명이 살았다고 하니, 믿음을 지키기 위해 몸부림쳤던 그들의 모습이 눈에 어른거렸다. 죄를 범한 자에게 내리던 형벌로 죄인을 벽 기둥에 묶어 두었다고 한다. 지하에 숨어 살아도 나쁜 사람은 항상 있는 법인가 보다.

지하 도시에는 곳곳에 제법 넓은 공간도 많이 보였다.

동굴 내 수도원 학교와 물 저장소도 볼 수 있었다.

지하 도시에서 나오는 순간, 마치 하늘이 기다렸다는 듯 폭설이 쏟아
진다. 흰 눈 속에서 드러나는 마을의 풍경은 너무도 아름답다. 바람과
눈, 돌과 시간, 그 사이를 걷는 순례자의 길이 경건하게 느껴졌다.

데린구유를 떠나 버스로 3시간 거리에 있는 꼬냐(Konya)로 향했다. 꼬냐는 고대 도시 이고니온의 현재 이름이며, 신약 사도행전에 기록된 바울의 1차 선교 여행 중심지 중 하나다.

Bair Diamond 호텔에 도착해 따뜻한 뷔페식 저녁을 먹고, 세마 의식 공연을 보기 위해 메블라나 박물관으로 향했다.

이곳은 이슬람교의 한 분파인 수피즘의 성지로, 13세기 메블라나(루미)가 이곳에 정착하여 신비주의 종교 철학을 펼쳤다. 지금도 전 세계의 수피스트들이 매년 12월 초에 이곳을 찾아 세마(Sema) 의식을 거행한다고 한다.

공연장에 들어서자 조명이 차분히 꺼지고, 흰옷을 입은 수피스트들이 조용히 무대에 등장했다. 그리고… 음악이 시작되었다.

느리고 절제된 리듬 속에 회전이 시작됐다.

이 춤은 단순한 공연이 아니었다. 머리를 숙인 채 한 손은 하늘을 향하고, 다른 한 손은 땅을 향한 채 회전하는 그들의 모습에서 신과의 합일, 영혼의 비상, 인간의 절박한 구도심이 전해졌다.

빛, 음악, 침묵, 회전. 말없이 전해지는 기도. 이슬람 신비주의의 깊은 울림 속에서, 하루의 모든 감정들이 조용히 가라앉았다. 튀르키예 여행에서만 맛볼 수 있는 새로운 경험이었다.

오늘은 하늘 위 요새에서 땅 아래 도시로, 그리고 다시 영혼의 중심으로 이어진 하루였다.

4일 차

4월 15일 화요일

고대의 언덕에서
바울을 만나다

아침 7시 식사를 마치고, 비시디아 안디옥(Pisidian Antioch)으로 향했다.

2시간 남짓 달리는 동안 창밖의 풍경이 점점 고도감 있게 펼쳐졌다. 해발 약 1,200m 고원에 자리한 이 도시(현 지명은 Yalvaç)는, 헬레니즘 시대 셀레우코스 왕조의 셀레우코스 1세가 아버지 안티오코스를 기리며 세운 도시였다. 수많은 '안디옥' 중에서도 이곳은 사도 바울의 1차 전도여행지로, 기독교 역사에 중요한 이정표로 남아 있다.

고대 도시 비시디아 안디옥에서 가장 먼저 마주한 유적은 도시의 서문으로, 도시를 드나들던 출입구의 기둥 흔적만 남아 있다.

서문을 지나 들어가면 왼편에 로마 시대의 돌로 만든 수도관들이 남아 있다. 수도관의 구멍 크기로 미루어 볼 때, 이 도시의 인구가 상당히 많았음을 짐작게 한다.

다음에 만난 유적은 12,000명을 수용했다는 로마식 원형극장이다. 발굴이 완전히 끝나지 않아서 보이는 규모는 그다지 크지 않았다. 원형극장 옆으로 올라가는 길을 따라가면 아우구스투스 황제를 기리기 위해 세워진 신전 앞에 이른다. 석조 유물들이 흩어져 있었지만, 그 기운만은 여전히 살아 있는 듯했다.

원형극장

아우구스투스 신전 터

원형극장 근처에 이름 없는 교회 터가 있어서 그 앞에서 안디옥 방문
기념사진을 담았다.

가이드가 가는 길을 멈추고 길 바닥에서 한 문양을 찾아 설명한다. 방위각처럼 보이는 기호는 익투스(ΙΧΘΥΣ, Ichthys)를 의미한다고 설명해 주었다. 이는 초기 기독교에서 사용된 상징으로, 물고기 모양을 띠고 있다. 그리스어로 '물고기'가 익투스다. 이는 다섯 문장의 머리글자를 조합한 약어인데, '예수 그리스도, 하나님의 아들, 구세주'라는 신앙 고백을 담고 있다.

이어서 도착한 곳은 사도 바울이 복음을 전했다고 알려진 성 바울 교
회 유적지. 아래 사진 오른편에 바울 교회 터가 보인다.

그 자리에서 가이드의 설명을 듣는 동안, 우리는 마치 사도행전의 현
장 한복판에 와 있는 듯한 기분을 느꼈다.

"예수 그리스도는 메시아입니다!" 바울의 담대했던 설교가 귓가에 메
아리처럼 울렸다.

당시 유대인 회당에서 시작된 설교는 유대인들의 시기로 곧 방해를 받
았고, 바울은 이방인들을 향해 복음을 전하기 시작했다. 이 도시에서

그의 사역 방향이 전환
되었고, 그 여정은 이
후 기독교 및 세계 역
사의 물줄기를 크게 바
꿔 놓았다.

바울 교회 내부 모습

언덕에서 바라본 현재 도시 모습이 평화스럽다.

감동의 여운 속에 근처 식당에서 피데(Pide)로 점심을 즐겼다. 튀르키에 식 플랫 피자인 피데는 고소하고 담백했다. 모두가 "여행 중 최고의 맛"이라고 이구동성으로 칭찬했다.

파묵칼레로 향하는 길목에 에그리디르 호수(Egridir Golu)가 나타났다. 눈부신 에메랄드빛 호수와 눈 덮인 바를랏산의 풍경에는, 영화 속 한 장면처럼 형용키 어려운 고요함이 흘렀다.

잠시 정차해 쉬어 가기로 했다. 그곳에 우리 일행만 있어서 느긋하게 호젓한 시간을 보냈다. 개인 사진, 부부 사진, 단체 사진을 찍으며 우리만의 추억을 쌓아 갔다. 여행 중반으로 넘어가면서 우리 마음에도 여유가 생기기 시작했다.

휴게소에서 특별한 요거트 디저트를 맛보았다. 소나무 꿀과 양귀비 씨를 곁들인 요거트, 그리고 갓 짠 오렌지 주스는 이국적인 풍미와 건강한 기운을 함께 선물해 줬다.

파묵칼레로 가는 길 한편에 소다 호수와 공장이 있다. 우리가 일상에서 사용하는 베이킹 소다를 염전에서 소금이 나오는 것처럼 호수 물에서 채취한다는 사실이 새롭다.

파묵칼레에 가는 도중에 골로새(Colossae) 마을이 설산 아래 희미한 모습을 드러냈다. 지금은 아무런 유적도 남아 있지 않지만, 바울의 편지를 받았던 공동체가 그곳에 살았다는 사실만으로도 마을 전체가 신앙의 유산처럼 느껴졌다.

파묵칼레가 가까워지자 주변이 확연히 달라진다. 기온이 따뜻해서 나무에는 신록의 잎이, 밭에는 푸르름이 확실하게 느껴진다. 이 땅이 가진 치유의 기운이 차창 너머로 스며드는 듯하다. 차창 밖으로 보이는 파묵칼레의 전경이 마음을 설레게 한다.

저녁 6시, 파묵칼레의 숙소에 도착해 짐을 풀고 식당에 모였을 때 두 친구가 작은 가방 2개가 보이지 않는다고 한다. 어디서 분실했나? 누가 훔쳐 갔나? 아침에 숙소에서 짐을 실을 때 확인했다는데… 못 찾으면 낭

패였다. 여행의 즐거움이 반감될 상황이 발생했다. 가이드의 난처한 입장은 말할 것도 없고… 모두가 긴장 속에 불안해하던 순간, 가이드가 가방을 찾아서 나타났다. 일하는 직원이 엉뚱한 동에 갖다 놓았다고 한다. 그제야 안도의 한숨이 번지면서 저녁 먹을 생각이 돌아왔다.

이 호텔이 지역 최고의 온천 호텔이라고 알고 있는데 식사 수준은 기대 이하였다. 이상하게도 엄청 다양한 종류의 치즈가 제공되었는데 우리 입맛과는 좀처럼 어울리지 않았다.

하지만 오늘 하루의 기억은 음식이 아니라 사도 바울의 숨결, 호수 위 눈부신 설경, 달콤한 요거트의 맛, 그리고 믿음의 지층을 밟은 여정에 담겨 있다.

5일 차
4월 16일 수요일

고대 도시와
순교의 흔적을 걷다

아침 햇살이 히에라폴리스 지역의 언덕 위를 환하게 비추는 가운데, 우리는 고대 도시 라오디게아(Laodicea)를 향해 출발했다. 파묵칼레 숙소에서 차로 불과 20분 거리에 있는 라오디게아는 요한계시록에 등장하는 소아시아 7교회 중 하나가 있었던 곳이다. 현재 이곳은 꽤 높은 언덕 위에 위치하고 있는데 이는 지진. 화산 등의 자연재해로 도시가 파괴되고 재건되는 과정을 반복하면서 새로운 지층이 형성되어 점차 높은 언덕으로 변모한 것이라고 한다.

현재까지 대규모 발굴 작업으로 많은 고대 건축물이 드러났지만 이는 전체 면적의 25% 정도에 불과하다고 한다. 최종 발굴이 끝나면 전체 모습이 어떠할지 상상해 본다.

입구로 들어서면 대로(Syria Street)가 활짝 펼쳐지고 길 양옆에는 상점 터가 발굴되어 있다. 조금 더 들어가면 신전 터가 나타나며 그 옆으로 아치형 지붕을 덮은 유적지가 보인다.

위의 사진이 요한계시록에서 언급한 라오디게아 교회 터로 추정된다.
바실리카 양식의 웅장함이 느껴지는, 큰 규모의 교회였음을 알 수 있다.

가장 인상적이었던 건 왼쪽 사진의 통로 가운데 있는 '암보(Ambo)'였다. 초기 교회에서 말씀을 선포하던 장소로, 동쪽에서는 부독자가 서신서를, 서쪽에서는 집사가 복음을 낭독하던 두 개의 계단이

남아 있었다. 오른쪽 사진은 둥그런 형태의 제단
이 있던 곳으로, 전통적으로 제단은 교회 건물의
동쪽에 위치했다고 한다.

남아 있는 교회의 묵직한 기둥과 모자이크 바
닥은 그 시대의 숨결을 그대로 간직하고 있다.

고개를 돌리면 두 개의 극장이 나타난다. 하
나는 복원이 진행되고 있어서 지금도 공연이 가
능할 정도로 아름다운 West Theater이고, 다
른 하나는 자연 그대로 보존되어 고대의 숨결이 그대로 전해지는 North
Theater이다. 각각 약 1만 5천 명을 수용할 수 있는 규모로, 이 도시에
수십만 명이 살았을 것으로 추정된다.

　테마가 있는 튀르키예 여행기

　　스타디움과 체육관, 아고라(Agora)가 복원 중인데 기둥이 늘어선 길과
상점 터를 볼 수 있다. 유적지 곳곳에 피어 있는 야생 양귀비꽃이 폐허
의 쓸쓸함을 밝게 해 준다.

　　밟고 지나간 초원 아래 땅속에 어떤 고대 유물이 숨어 있을 것 같아
내딛는 발걸음도 조심스럽다.

　　초원에 묻혀 있는 유적지가 무척 평화롭게 보인다. 방문 기념사진 찰칵.

점심은 한국인 여행자라면 누구나 반길 만한 김치찌개다. 튀르키예인이 운영하는 '포장마차'라는 식당인데 맛은 한국 엄마의 손맛 같았다. 오랜만에 접하는 한국 음식에 모두 좋아한다. 현지인이 한식당을 운영하는 게 이젠 낯설지 않다.

오후에는 히에라폴리스(Hierapolis) 유적지를 탐방했다. 기원전 2세기 페르가몬 왕국의 에우메네스 2세가 건설한 이 도시는 로마 시대에 종교와 휴양의 도시로 번성했다. 특히 온천수의 치유력을 이용한 '치유의 도시'로 널리 알려졌다.

히에라폴리스 입구까지 오는 길의 오른편에 꽤 넓게 조성되어 있는 무덤군을 볼 수 있다. 이곳은 네크로폴리스(묘지 지구)로, 수천 개의 고대인 무덤과 석관이 남아 있다.

유적지 안내도를 통해 이곳이 매우 번영했던 도시였음을 알 수 있다. 4월이지만 그늘이 전혀 없는 유적지 안은 뜨거운 햇살에 기온이 엄청 올라간다. 초여름 날씨다.

성 빌립 무덤과 교회 터는 약간의 트레킹을 해야 갈 수 있다. 트레킹이 힘들 만한 지점에 원형극장이 있다. 유적지 입구에서 여기까지 왕복하는 전동 카트 서비스가 있었지만 너무 비싸서 걸어왔는데 걸을 만했다.
이 원형극장은 약 12,000명을 수용할 수 있는데, 관중석은 물론이고 무대까지 복원 상태가 무척 뛰어나다.

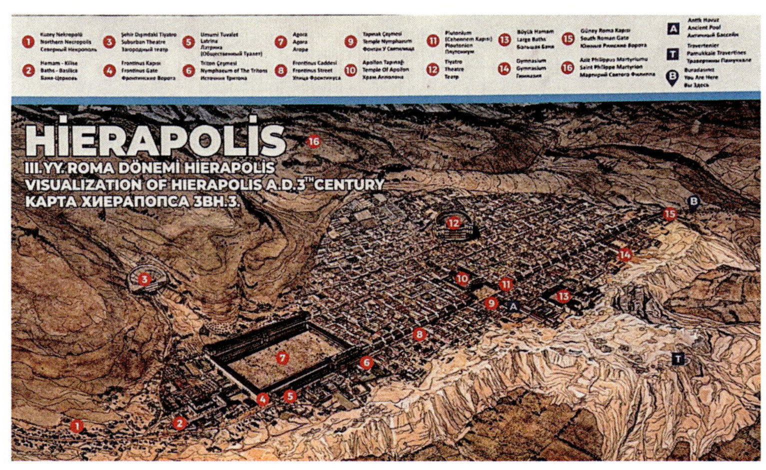

1 Kuzey Nekropolü / Northern Necropolis / Северный Некрополь
2 Hamam - Kilise / Baths - Basilica / Бани-Церковь
3 Şehir Dışındaki Tiyatro / Suburban Theatre / Загородный театр
4 Frontinus Kapısı / Frontinus Gate / Фронтинские Ворота
5 Umumi Tuvalet / Latrina / Латрина (Общественный Туалет)
6 Triton Çeşmesi / Nymphaeum of The Tritons / Источник Тритона
7 Agora / Agora / Агора
8 Frontinus Caddesi / Frontinus Street / Улица Фронтинуса
9 Tapınak Çeşmesi / Temple Nymphaeum / Фонтан У Святилища
10 Apollon Tapınağı / Temple Of Apollon / Храм Апполона
11 Plutonium (Cehennem Kapısı) / Ploutonion / Плутониум
12 Tiyatro / Theatre / Театр
13 Büyük Hamam / Large Baths / Большая Баня
14 Gymnasium / Gymnasium / Гимназия
15 Güney Roma Kapısı / South Roman Gate / Южные Римские Ворота
16 Aziz Philippus Martyriumu / Saint Philippe Martyrion / Мартирий Святого Филиппа
A Antik Havuz / Ancient Pool / Античный Бассейн
T Travertenler / Pamukkale Travertines / Травертины Памуккале
B Buradasınız / You Are Here / Вы Здесь
HİERAPOLİS
III. YY. ROMA DÖNEMİ HİERAPOLİS
VISUALIZATION OF HIERAPOLIS A.D. 3TH CENTURY
КАРТА ХИЕРАПОПСА 3ВН.3.

사진 속 하얀 기둥이 서 있는 오른편 지역이 마르티리움

원형극장을 지나 좀 더 올라가면 유적지 전망을 한눈에 볼 수 있었다. 남아 있는 도시 유적은 그다지 많지 않은 것 같았다.

트레킹의 마지막 목적지는 사도 빌립(St. Philip)의 순교 기념 성지인 팔각형의 마르티리움(St. Philip Martyrion)이다. 가쁜 숨을 가라앉히며 고요히 순교 장면을 떠올린다. 그는 히에라폴리스에서 활동하다가 이교도들의 반감 속에서 십자가에 거꾸로 못 박혔거나 돌에 맞아 순교했다는 전승이 있다.

마르티리움에서 약 50미터 왼편에 성 필립의 무덤으로 추정되는 곳이 있다. 그러나 성 필립의 유해는 6세기 후반에 콘스탄티노폴리스로 이장된 것으로 전해져 이곳은 빈 무덤이다.

여기서 조금 위로 올라가면 2011년 발굴을 통해 성 필립 순교 기념 교회로 공식 인정된 교회 터를 만난다. 건축물의 머릿돌에 대한 가이드의 설명을 들으며 성경 속의 의미를 다시 새겨 본다.

이후 찾은 곳은 바로 파묵칼레(Pamukkale)다. '면의 성(城)'이라는 이름처럼 눈처럼 하얀 석회암 계단이 펼쳐진 풍경은 마치 하늘에서 내려온 신의 정원 같다. 이곳 지형은 지하에서 솟아나는 고온의 온천수가 지표로 흘러나오면서 석회질 성분(탄산칼슘)을 지표에 침전시켜 형성되었다. 이 석회질이 시간이 지나며 굳어져 '트래버틴(Travertine)'이라 불리는 영롱한 흰색의 석회암 계단이 형성되었다.

　　그런데 최근 온천수의 고갈 문제로 인해 개방 구역이 줄어들어 에메랄
드 빛 물과 하얀 테라스를 마음껏 즐기지는 못했다. 그럼에도 불구하고
하얀 절벽 밑에 펼쳐진 푸른 연못과 마을의 붉은 지붕이 어우러진 풍경
은 한 폭의 그림이다.

사진의 왼쪽에 유적지가 보이고 오른쪽의 하얀 부분이 파묵칼레다.

버스로 이동하면서 본 파묵칼레, 마치 설산을 보는 듯해 무척 신기하다.

저녁에는 다시 '포장마차'를 찾았다. 양갈비 구이와 신라면, 그리고 친구 부인의 생일을 함께 축하하는 작은 파티. 여행지에서 나누는 축하의 순간은 일상에서 보다 더 특별한 추억이 되었다.

오늘 하루는 고대의 유산과 믿음의 흔적을 따라 걷고, 파묵칼레 온천수에 발을 담그고, 따뜻한 음식을 나누며 몸과 마음을 다 채운 여정이었다. 순교의 땅 위에서, 하얀 바위 절벽 위에서, 행복한 여정을 이어 갔다.

6일차
4월 17일 목요일

하늘로 오르고,
신앙의 흔적을 따라서

···· ☪ ····

아직 어둠이 깔려 있는 새벽 5시 30분, 열기구를 타기 위해 우리는 숙소를 나섰다. 히에라폴리스 유적과 파묵칼레가 내려다보이는 하늘 위로 떠오르는 경험을 위해. 날씨는 초겨울처럼 쌀쌀했고, 우리는 바람을 막기 위한 두툼한 옷을 챙겨 입었다.

풍선을 타고 하늘로 오른다는 기대에 칠순의 친구들은 무척 들떠서 행복하게 웃으며 마치 어린아이로 돌아간 듯한 표정들이다. 이런 모습이 함께 여행하는 참맛이 아닐까?

출발 준비만 30분. 마침내 불꽃이 거대한 풍선을 일으켜 세우고, 열기구는 부드럽게 하늘로 떠올랐다.

"어느새 이렇게 올라왔지?"

몸이 떠오르는 감각도 모른 채, 우리는 순식간에 파묵칼레 위 하늘을 유영하고 있었다.

ALPHA
Tiger Grau

열기구 여성 운전자와 함께

동쪽에서 해가 떠오르며 밝힌 석회암 계단과 유적의 풍경은 말 그대로 한 폭의 그림이었다. 따사로운 햇살 아래 펼쳐진 고대 도시, 하얗게 빛나는 계곡, 그리고 조용히 흐르는 시간.

꿈만 같은 시간을 보내고 아쉽게 지상으로 내려간다. 착륙할 때 위험하기 때문에 단단히 잡으라고 운전자가 주의를 준다. 올라갈 때와 달리 착륙은 풀밭에 내렸는데, 다소 거칠었지만 무사히 내려온 것만으로도 충분히 감사했다.

열기구에서의 감동을 뒤로한 채, 우리는 요한계시록에 등장하는 일곱 교회 중 하나인 필라델피아 교회 터로 향했다. 이곳은 로마 황제 숭배 사상이 지배적이던 땅에서 굳건한 신앙을 지켜 낸 교회였다. 여러 번의 지진으로 인하여 도시가 폐허가 됐지만 엄청나게 두터운 벽기둥은 남아 있어 우리를 반겨 준다. 무너진 벽과 잔해 속에서도 신앙의 뿌리는 선명하게 전해졌다.

지진 발생으로 도시가 파괴되면 근처 지역에 새로운 도시를 건설하는 게 일반적인데 이곳 필라델피아(현 지명 Alaşehir)는 폐허가 된 자리에 도시를 재건했기 때문에 유적 발굴을 할 수 없다고 한다. 우리가 방문한 교회 터는 6세기경 사도 요한에게 헌정하기 위해 세운 비잔틴 교회의 흔적이다.

가이드가 이곳에 올 때마다 들른다는 근처 빵집에서 갓 구워 낸 빵을 사 왔다. 담백하고 고소한 맛이 뛰어나 간식으로 훌륭했다.

여행 도중 교통 경찰의 검문을 여러 차례 목격했다. 무작위로 자동차를 세워서 주행 기록 등을 체크하면서 불법 여부를 단속한다고 하는데 그러면서 뒷돈도 챙긴다고 하니 씁쓸하다.

이후 사데(현 지명 Salihli)로 이동했다. 이곳은 기원전 7세기 리디아 왕국의 수도였고, 세계 최초의 금화가 주조된 도시이기도 하다. '마이다스의 손'이라는 전설도 이곳에서 비롯되었다.

하지만 사데 교회는 요한계시록에서 '살았다는 이름은 있으나 죽은 자'라는 책망을 받은 곳. 겉은 화려하지만 속은 비어 있던 믿음, 오늘을 살아가는 우리에게도 울림이 있는 경고다.

사데에는 소규모의 로마 유적이 남아 있다. 시나고그, 짐나지움, 그리고 아르테미스 신전 터.

우리는 신전 터 인근의 비잔틴 시대 교회 유적을 돌아보았다. 이 조용한 유적지 안에서, 오래전 살았던 신앙 공동체의 숨결을 마주하는 기분이었다.

비잔틴 교회 터

아르테미스 신전 터

아르테미스 신전 터에 남아 있는 기둥 규모가 무척 크다. 그 당시 신전의 웅장한 모습이 상상 속을 떠돈다.

점심은 튀르키예의 전통 음식인 괴프테였다. 철판에 구워 낸 다진 고기 요리를 매콤한 토마토소스와 함께 빵 위에 올려 먹는 방식으로, 우리의 떡갈비를 떠올리게 하는 익숙한 맛이었다. 식사 후 직원들이 함께 사진을 찍자며 다가왔다. 노년의 우리에게도 'K-열풍'이 다가왔다는 느낌에 모두가 즐거웠다. 왠지 모르게 스타가 된 기분.

오후에는 셀주크(Selçuk)에 도착해, 사도 요한의 무덤이 있는 요한 기념 교회를 찾았다. 사도 요한은 예수의 가장 사랑받던 제자로, 말년에 마리아와 함께 에베소로 이주했다고 전해진다.

과거 이곳을 찾았을 때는 황량한 언덕과 유적뿐이었는데, 지금은 카페와 기념품 가게들이 여기저기 보인다.

처음엔 그의 무덤 위에 소박한 교회가 세워졌고, 6세기 비잔틴 제국의 유스티니아누스 황제가 지금의 대형 교회를 건립하였다. 여섯 개의 돔이 얹힌 십자형 구조의 웅장한 기념 교회는 그 자체로 순례의 상징이었다. 교회 건축 자재 중 일부는 아르테미스 신전에서 가져온 것이라는 이야기도 전해진다.

교회 축소 모형

사진에서 보이는 희미한 기둥이 아르테미스 신전 기둥이다. 이 신전은 파르테논 신전보다 4배 큰 규모로 전체가 대리석으로 지어져 당시 사람들에게 경이로움을 주었다고 한다. 고대 세계 7대 불가사의로 꼽히는 건축물인데 지금은 1개의 기둥만 쓸쓸히 남아 있다.

본격적인 요한 기념 교회 탐방에 나섰다.

　유적으로는 사도 요한의 무덤과 세례당, 보물 창고 등이 있다. 특히 순례자들은 요한 무덤의 흙을 '마나(manna)'라고 부르며 치유의 힘이 있다고 믿었다고 한다.

요한의 무덤

기념 교회 유적지와 언덕 위에 견고한 모습으로 솟아 있는 성채

요한 기념 교회 방문 후 교회 바로 위에 위치한 아야술룩 성(Ayasuluk Castle)에 올라갔다. 이 성은 기원전부터 사용된 요새지로, 히타이트 시대 이래 전략적 요충지였다. 성채로 올라가는 중에 요한 기념 교회를 한눈에 조망할 수 있는 곳에서 잠시 쉬면서 사도 요한에 대해 묵상하는 시간을 보냈다.

이 성은 요한 기념 교회 입장권으로 방문할 수 있었다. 현재의 성벽은 비잔틴 제국, 셀주크 투르크, 그리고 오스만 제국 시대를 거치며 보강되고 개축된 구조이고 성 내부에는 초기 기독교 시기의 비잔틴 교회 유적, 저장고, 우물, 병영 건물 등이 있다.

막상 성채에 들어가면 돌무더기만 잔뜩 쌓여 있고 안에는 텅 비어 있다. 그래도 사진 명소로 손색이 없어 보인다.

성내 높은 위치에, 요한이 머물렀다는 전승에 나오는 작은 모스크 같은 건물이 있다. 내부에 비잔틴 양식의 제단이 있던 곳도 볼 수 있었다.

이 성은 언덕 꼭대기에 있어 셀주크 시내 전경, 멀리 에페소스 유적과 아이딘 산맥, 튀르키예 서해안의 평야 지대까지도 볼 수 있다고 하는데 날이 흐려서 보지 못해 아쉬웠다. 방문객이 거의 없어 조용하고 평화로운 분위기 속에 가벼운 산책을 즐겼다.

재미있으면서 특이하게도 유적지마다 개가 우리를 따라다니면서 에스코트하는 모양새다. 비시디아 안다옥의 유적지에서도 작은 개가 우리를 쫓아왔었다. 그런데 우리가 유적지를 벗어나면 따라오지 않았다. 신기하다.

성에서 내려온 우리는 화장실을 이용했던 카페에서 커피 한잔으로 하루를 마무리했다. 조용한 음악, 따뜻한 커피, 그리고 긴 하루의 여운이 어우러진 순간이다.

숙소는 쿠사다시(Kuşadası)의 Signature Hotel. 저녁 식사는 꼭대기 층 외부 테라스에서 뷔페로 진행되었지만, 음식 맛은 다소 아쉬움이 남았다. 그러나 하루의 풍요로움은 음식 그 자체보다는, 그날 걸었던 길과 마음속에 남은 감동에서 완성되는 것이 아닐까?

호텔 식당 테라스에서 마주한 쿠사다시 해안

7일차
4월 18일 금요일

시간이 머무는 도시,
기억을 품은 유적

오늘의 여정은 한껏 기대되었다. 조용한 감동이 깃든 곳, 고대의 속삭임이 여전히 살아 숨 쉬는 도시 밀레도(Miletus)로 향하는 길. 쿠사다시에서 차로 한 시간 남짓 달리자 이정표도 거의 보이지 않는 고요한 땅에 도착했다.

이곳은 사도 바울이 3차 전도 여행을 마치고 수리아 안디옥으로 돌아가기 전, 에베소 장로들을 불러 마지막 고별 설교를 한 곳이다. 그가 흘린 눈물과 사랑, 그리고 작별의 메시지가 고스란히 새겨져 있을 것만 같은 장소다.

이제는 바다도 물러나고, 항구도 사라졌지만 그 자리에 남겨진 유적들은 여전히 굳건했다.

먼저 우리를 맞은 것은 15,000명을 수용하던 거대한 원형극장이다. 관

광객들로 붐비는 다른 도시와는 달리, 이곳은 고요했다. 관중석에 오르고, 입구와 연결된 돌길을 천천히 걸으며, 우리는 마치 고대 로마의 시민이 된 듯한 기분에 빠져들었다. 자연 상태 그대로 잘 보존된 이 한적한 공간은 그 자체로 시간 여행이었다. 원형극장 출입구 및 관중석을 연결하는 터널 등도 자유롭게 다닐 수 있는 등, 다른 원형극장에서 경험할 수 없는 즐거움이었다.

이곳 밀레도 유적지에도 한 마리 개가 우리를 따라다녔다. 왜 유적지마다 개가 있는 걸까? 여러 마리도 아니고 한 마리만 살고 있는 게 신기하게 여겨졌다.

원형극장을 뒤로하고 좀 더 걸어가면 고대 도시의 흔적이 많이 남아 있다. 항구로 추정되는 곳도 보이고, 상업과 정치 활동이 이루어졌던 중심 광장인 아고라(Agora)의 기둥들이 모습을 드러낸다. 또한 원형 목욕탕, 아폴론 신전 및 비잔틴 교회 유적 등도 있다고 하는데 시간상 방문하지 못했다.

그때 한 무리의 소들이 유적지 한복판을 유유히 지나가는 희귀한 장면을 목격했다. 어떻게 소들이 유적지 안에 있는 거지? 아고라 광장 윗길을 여유롭게 지나간다.

소를 키우는 목동이 우리에게 다가와 야생화 한 묶음을 건넸다. 비록 말은 통하지 않았지만, 그의 미소와 눈빛 속에서 우리를 향한 호기심과 따뜻한 환대가 전해졌다.

유적지를 한 바퀴 돌고 나오니 입구에 있는 카페가 우리를 유혹한다. 커피 한잔을 마시며 그 순간을 음미했다. 아마 이 평화로운 밀레도에서의 시간은 오래도록 우리 마음에 남을 것이다.

점심은 셀주크에 위치한 한국 식당에서. 오늘 메뉴는 비빔밥, 김치찌개, 상추쌈, 오디 주스로 다채롭다. 한식의 맛이 입 안 가득 번지는 순간, 여행의 피로가 눈 녹듯 사라졌다.

식사 후에는 튀르키예 가죽 제품 상점을 방문했다. 쇼핑 전에 작은 패션쇼가 열렸고, 우리 일행 중 몇 명이 무대 위에 올라가 패션쇼를 함께 하는 기회가 주어졌다. 낯설고 부끄러움도 있었겠지만, 모두 자연스럽게 참여했다. 오늘 하루의 유쾌한 추억이 하나 더 추가되었다.

오후에는 에페소스(Ephesus) 유적지를 방문했다. 과거 방문했을 때 없던 출입구와 기념품 가게들이 들어서, 상업화된 모습이 다소 낯설었다. 하지만 이곳은 여전히 웅장하고 깊은 숨결을 간직한 고대 도시였다.

큐레테스 거리는 남쪽의 하드리아누스 신전 근처에서 북쪽의 셀수스 도서관까지 이어지는 약 200~250미터 길이의 대리석 거리이다. 동쪽 언덕의 위쪽 마을(관료·귀족 지역)과 아래 도시(공공 건물 밀집 지역)를 연결하는 주도로였다.

이 중심 도로 양편에는 인도가 있었는데 '테라스 하우스' 앞에는 모자이크 인도가 지금도 선명히 남아 있다.

전망대에서 본 큐레테스 거리와 주변의 유적지

모자이크 인도

지금은 폐허만 남은, 당시 부자들의 동네인 테라스 하우스

도시의 경계선인 헤라클레스 게이트는 마차의 출입을 막는 역할을 했
다고 한다.

트라야누스 로마 황제와 아르테미스 여신을 위한 신전

도미티아누스 황제 신전(Temple of Domitian)은 거대한 두 기둥만 남아 있다. 에페소스 최초의 황제 숭배 신전 중 하나로, 큐레테스 거리 인근에 위치하고 있으며 그의 생전에 황제의 신격화와 숭배를 위해 세워졌다. 기독교를 박해한 독재 권력의 황제였다.

신전 옆길에서 기념사진을 찍는
중에 젊은 외국인 불청객이 스스
럼 없이 우리 옆에 앉아 함께 찍는
다. 그의 용기와 자유로운 영혼이
부러웠다.

셀수스 도서관 방향으
로 내려가다 보면 오른
편에 대형 공중목욕탕의
흔적을 볼 수 있다.

목욕탕의 입구와 내부 모습

공중목욕탕을 지나면 로마식 화장실을 만나게 된다. 로마 문명의 정수인 수세식 공중화장실(남성용) 모습이다. 3면에 44개의 구멍이 있었다고 한다.

큐레테스 거리를 좀더 내려가면 여행 프로그램에서 많이 본 셀수스 도서관이 우리 앞으로 다가온다.

셀수스 도서관(Library of Celsus)은 기원후 135년 로마 총독 율리우스 셀수스를 기리기 위해 지어진 도서관으로, 12,000권의 두루마리를 보관한 고대 지식의 중심지였다. 화려한 석조 장식, 기둥 사이로 내리쬐는 햇살이 어우러져 시대를 초월한 장엄함을 뽐낸다. 셀수스 도서관 오른편에 보이는 문을 통과하면 아고라로 연결된다.

화려함의 극치인 셀수스 도서관 기둥과 천장

아고라 광장에는 돌무더기만 가득하지만
광장을 둘러싸고 줄지어 선 상점 터는 선명히 남아 있다.

2만 5천 명을 수용했던 대극장은 보수 공사로 인해 출입할 수 없었다.

멀리서나마 망원렌즈로 사진을 찍으며 아쉬움을 달랬다.

옛날 항구로 이어진 항구대로가 지금도 그 거대한 규모를 자랑한다. 지금은 오랜 세월에 걸쳐 형성된 퇴적물로 메워져 항구와 바다의 흔적은 찾을 수 없다.

저녁은 쿠사다시 구시가지 항구에 위치한 이탈리안 해산물 레스토랑 Bottarga에서.

아름다운 저녁노을 아래 열린 만찬은 내일 먼저 귀국하는 한 교수 부부를 위한 송별 만찬이었다. 모든 음식이 감탄을 자아낼 만큼 맛있었고, 식사와 더불어 마신 와인으로 인해 다들 기분 좋게 취했다. 특히 김의형 대표가 저녁을 대접해 주어서 마음까지 더욱 따뜻한 저녁이었다.

오늘 하루는 말 그대로 '시간을 걷는 날'이었다.

바울의 눈물이 남겨진 도시에서 시작해, 로마 제국의 웅장한 흔적을 따라 걷고, 지중해의 석양 속에서 고마움을 나누는 밤까지.

8일 차
4월 19일 토요일

버가모의 언덕에서,
잊힌 도서관과 신의 제단을 걷다

여행의 끝자락, 익숙했던 얼굴과의 작별로 하루가 시작되었다. 인구 교수 부부는 이즈미르 공항에서 먼저 귀국했다. 웃으며 인사를 건넸지만, 마음 한 켠엔 허전함이 스며든다. 오랜 시간 함께했던 동행의 빈자리는 말이 없어도 크게 느껴졌다.

이즈미르는 튀르키예에서 3번째로 큰 도시로, 요한계시록의 일곱 교회 중 하나가 있던 도시다. 서머나 교회의 목회자인 폴리캅의 순교를 기리는 교회가 있지만, 현재 공사 중이라서 아쉽게도 발길을 돌려야 했다.

점심 식사는 버가모(Bergama)의 스테이크 식당에서 했다. 갓 구워 낸 빵의 고소한 향기와 주인의 다정한 미소, 커피와 과일까지 곁들인 센스 있는 서비스가 마음을 달랬다. 그 따뜻함 속에서도 친구 부부의 빈자리가 커 보이는 건 어쩔 수가 없었다. 끝까지 함께하면 좋았을 텐데 하는 아쉬움이 컸다.

버가모는 고대 페르가몬 왕국의 수도로 매우 번성했던 도시다. 알렉산더 대왕의 후계자 리시마코스의 재무관이었던 필레타이로스가 세운 도시로, 학문과 예술의 중심지로 꽃을 피웠고 후에 로마에 흡수되면서 아시아 속주의 수도가 되었다.

버가모 교회는 요한계시록에 등장하는 일곱 교회 중 하나이다. '사탄의 권좌가 있는 곳'이라는 계시록의 지적이 무겁게 다가오는 '붉은 바실리카(Red Basilica)'. 본래 이집트 신 세라피스를 위한 신전이었으나, 비잔틴 시대에 기독교 교회로 개조되었다.

우리가 방문했을 때는 공사 중이라 울타리 너머로 바라볼 수밖에 없었다.

사진 속 거대한 두 기둥 벽 사이에 비잔틴 시대 교회 터가 있다고 한다.

이 근처에는 카펫 파는 가게가 즐비하다. 남루한 가게 외관과는 달리 다양한 카펫을 팔고 있는데 골동품 가게 같았다. 구경만 하고 가니까 가게 주인이 싫은 소리를 한다. "Why don't you buy? Only you take a picture!" 왠지 미안한 마음이 들었다.

아크로폴리스로 올라
가는 케이블카 정거장
에 도착했다.

케이블카를 타고 아크
로폴리스 언덕으로 올
랐다. 입구 근처에 설치
된 축소 모형도를 통해

고대 도시의 위용을 먼저 확인한 뒤, 우리는 천천히 유적지를 답사했다.

멀리 제우스 제단 터가 보였다. 본래 이곳에 있던 거대한 제단은 지금
베를린의 페르가몬 박물관에 전시되어 있다고 한다.

가파른 언덕 위의 반원형극장, 약 10,000명을 수용할 수 있는 공간은
30도의 경사로 되어 있어 보는 것만으로도 아찔하다.

흥미로운 장소인 고대 터널을 지나면 넓은 광장 겸 전망대가 나온다. 원형극장을 한눈에 내려다볼 수 있는 그곳에 서면, 바람과 함께 지나간 수천 년의 이야기가 들리는 듯하다.

정상부에는 트라야누스 황제를 기리는 신전, 그리고 버가모 도서관의 유적지가 있다. 지금은 무너진 기둥 몇 개와 돌무더기만 남아 있지만, 한때 이곳은 약 20만 권의 두루마리를 보유한 세계에서 두 번째로 큰 도서관이었다. 이집트가 이곳 도서관을 견제하기 위해 파피루스 수출을 금지하자 양피지를 자체 제작하여 기록했다고 한다.

시간이 허락했다면 들르고 싶었던 곳, 아스클레피온(Asklepion)은 의술의 신에게 바쳐진 치유의 성소로 세계 최초의 병원 중 하나로 꼽히지만, 아쉽게도 다음을 기약해야 했다.

오후 3시, 우리는 부르사를 향해 출발했다. 고속도로 휴게소에 있는 스타벅스에서 커피 한잔을 마시며 잠시 쉬는 여유를 가졌다. 익숙한 맛이 낯선 여정 속에서 소소한 위로가 되었다.

부르사에 도착한 저녁은 피자. 아담한 이탈리안 레스토랑에서 얇은 피자 한 조각에, 문득 한국에서 먹던 피자 맛이 떠올랐다.

오늘 숙소는 부르사 올드시티에 위치한 Holiday Inn. 고요한 밤, 창밖으로 부르사의 오래된 불빛이 빛난다.

9일 차
4월 20일 일요일

제국이 잠든 땅에서,
다시 이스탄불로

···· ☪ ····

아침 날씨는 흐렸지만 공기는 산뜻했다. 오스만 제국이 처음 깃발을 꽂은 도시, 브루사(Bursa)의 구도심으로 향했다. 해발고도가 낮은 평지 도시지만, 역사와 전통은 결코 평범하지 않았다. 이 도시는 1326년 오르한 가지가 비잔틴 제국으로부터 빼앗아 정복한 이후 오스만 제국의 첫 수도가 된 곳으로, 모스크와 하맘, 신학교가 빽빽이 들어선 문화의 중심지로 발전했다.

가장 먼저 찾은 곳은 톱하네(Tophane) 공원. 브루사를 상징하는 랜드마크 중 하나로, 탁 트인 전망을 제공하는 관광 명소다.

안으로 들어서면 6층 높이의 시계탑이 압도적인 위용을 자랑한다. 지금은 낡아서 탑에 올라갈 수 없다고 한다. 400년 전에 설치된 시계탑은 오스만 시대에 파괴되었고, 현재의 시계탑은 1905년에 재건되었다.

시계탑을 지나면 도시 전경이 한눈에 들
어오는 전망대가 나온다. 높은 건물은 없
지만 여기저기 모스크가 많이 보인다. 생
각했던 것보다 매우 큰 도시다. 안개가 낀
듯 날씨가 뿌예서, 사진이 또렷하게 나오
지 않았다.

광장에 있는 부르사 상징물 앞에서 포즈를 취한다.

이곳에는 오스만 제국의 창건자인 오스만 1세와 그의 아들 오르한 1세의 무덤이 나란히 놓여 있다. 오스만 1세의 무덤에는 옛날 복장을 한 보초병이 부동자세로 입구를 당당히 지키고 있었다.

이슬람 순례객들이 기다렸다가 차례차례 들어갔다. 그들의 뒤를 이어 우리도 조심스레 내부로 들어갔다. 오스만 1세와 그의 후손들 무덤이 함께 있다. 무덤이라기보다 작은 모스크 같았고 오히려 따뜻한 기운이 감돌았다.

공원을 나와서 올드타운 구경에 나섰다. 부르사는 옛 건물 양식이 잘 보존되어 있는 도시다. 우리의 경주 같은 곳이다. 1시간 정도 골목과 시장을 거닐면서 자유여행의 여유로움을 즐겼다.

분홍색 건물은 어린이집

성문이 가게와 휴게소로 사용되는 가슴 아픈 현실

성벽 아래 작은 공원이 있어서 잠시 휴식을 취해 본다.

가는 길을 멈추고 이곳 사람들의 한가한 모습을 사진으로 남겼다. 이슬람 국가라서 남성들만 보였다.

과일 가게에
먹음직스러운
여러 과일이
가득하다.

부르사의 대표 모스크인 울루 자미(Ulu Cami, 대모스크)를 방문했다. 모스크의 외관은 평범했지만 작은 입구를 통해 내부로 들어서자 완전히 다른 세계가 펼쳐졌다.

이곳 모스크에서 가장 신성시되는 곳은 바로 '실내 중앙의 샘(Fountain)' 이자 기도 공간 중심에 위치한 '셰디르반(Şadırvan)'이다. 대부분의 모스크는 외부 마당에 셰디르반이 있지만, 울루 자미는 기도 공간 한가운데에 위치함으로써 물과 기도의 결합을 강조한다.

이는 신과의 만남의 공간이 정결함과 함께한다는 상징성을 부여한다고.

미흐라브(Mihrab)는 모스크 내부 남쪽 벽 중앙에 위치해 있는데 이는
이슬람 예배 시 메카 방향을 나타내는 벽감으로, 예배자들이 향하는 방
향이다. 동남아에서 방문한 무슬림 순례객들이 그 앞에서 사진을 담고
있다. 또한 이곳에는 벽면 캘리그래피가 유명한데 무려 192개의 이슬람
서예 작품이 아름답게 새겨져 있다고 한다.

모스크 옆에 있는 코자한(Koza Han)으로 이동했다. 이곳은 과거 실크 로드 대상들의 숙소이자 교역의 중심지였다. 안뜰에는 붉은 파라솔 아래에서 커피를 마시며 담소하는 모습이 보인다.

한편, 2층 상가엔 실크 숄과 전통 직물이 고운 무늬를 자랑하고 있는 상점들이 있다. 시간이 천천히 흐르는 곳, 브루사다.

부르사의 상징색이 녹색이라고 한다. 청
소부들의 복장도 녹색인 게 흥미롭다.

오전 11시, 이스탄불로 출발했다.
한국의 서해대교처럼 아름다운 현수교
인 오스만 간지 대교를 건너며 석양 아래
펼쳐질 풍경을 상상했다. 다리 건너 있는
휴게소에서 버거킹 햄버거로 점심 식사를 했다. 현지 음식이 계속 이어
졌던 일정 속에서 익숙한 한 끼 식사는 무척 반가웠다.

오후 2시, 보스포루스 대교를 건넜다.
1973년 완공된 이 다리는 유럽과 아시아를 잇는 길목의 상징이자, 이

스탄불의 경계를 가로지르는 실선이다. 이스탄불 유럽 쪽으로 들어가는 도로의 정체가 매우 심하다. 하지만 도로 위 정체에 묶인 시간조차 여행의 일부라고 생각하니 마음이 느긋해진다. 자동차 정체 구간에서 먹을 게 아닌 꽃을 파는 상인의 모습이 신선했다. 다리를 건너면 유럽이다. 지나면서 독특한 아파트 건축 양식이 눈에 들어온다.

유럽 지역으로 건너와 처음 향한 곳은 에윱 언덕(Eyüp Sultan Hill)이
다. 곤돌라를 타고 오르려 했으나 줄이 너무 길어 에윱 공동묘지 사이
로 이어진 언덕길을 이용하기로 했다. 묘비마다 아랍어 비문이 새겨진
이슬람 묘역은 이국적이면서도 경건했다.

골든혼의 전경을 파노라마 사진으로 만들어 보았으나 글쎄…

언덕 꼭대기에 이르면 프랑스 작가 이름을 딴 피에르 로티 카페가 자리 잡고 있다. 여기서 내려다보는 골든혼(Golden Horn)의 경치는 숨이 멎을 만큼 아름다웠다.

카페에서 조금 내려오면 케이블카 정거장이 있고, 그곳 광장에서 골든
혼 입구가 어렴풋이 보인다.

마지막 밤 숙소인 힐튼 호텔에 짐을 푼 후, 서둘러 이스탄불의 심장부인 탁심(Taksim) 광장으로 향했다.

공화국 기념탑이 있는 탁심 광장에서부터 펼쳐진 탁심은 나이트라이프, 쇼핑, 음식을 즐길 수 있는, 이스탄불의 핫한 장소이다.

　보행자들에게 인기가 많은 이스티클랄 거리를 따라 고풍스러운 전차가 천천히 달리며, 19세기 건물에 다국적 쇼핑 체인점, 영화관, 카페가 즐비하다.

저녁 식당 가는 길에서 만난 갈라타 탑

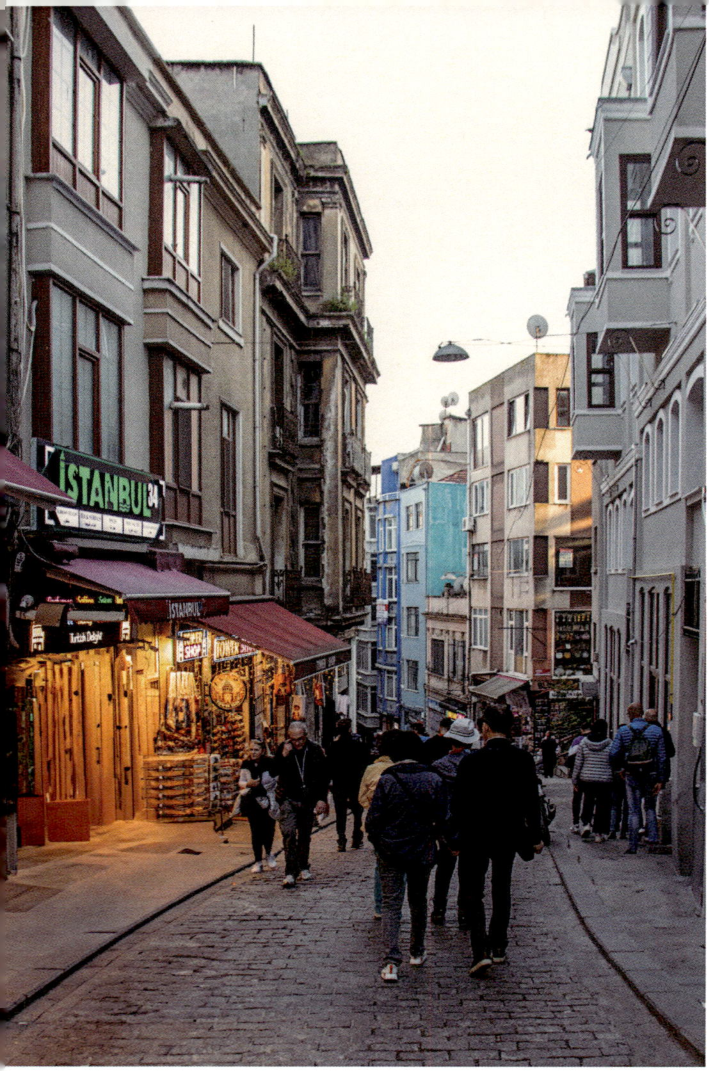
İSTANBUL 34
Turkish Delight

hurkish Cafe
PARK BÜFE

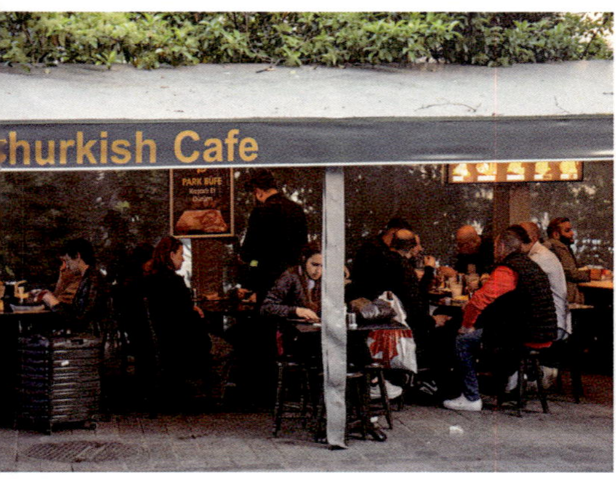

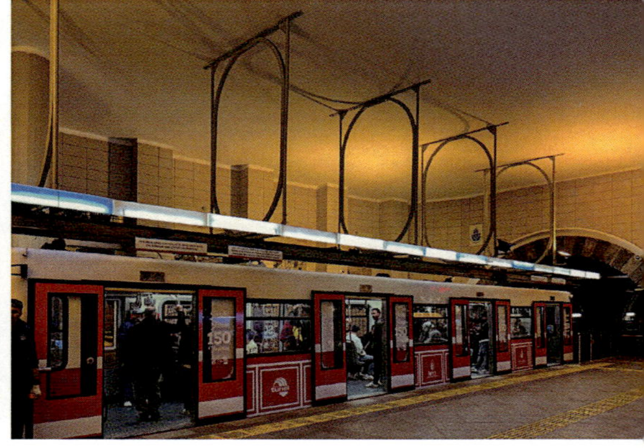

　　마지막 저녁 식사는 루프탑 파스타 레스토랑에서 하기로 했다. 추억에 남을 만한 우아한 식당에서 마지막 만찬을 하고 싶어서 여행사에 부탁해 예약한 식당이었다. 식당 근처에서 발견한 튀르키에 식 노천카페가 정겹다. 우리네 포장마차 같은 느낌이다.

　　루프탑 식당은 기막히게 훌륭한 위치에 있었지만 식사 수준이 떨어져 다소 아쉬움이 남았다. 하지만 그곳 테이블에서 보이는 골드혼의 명물, 갈라타 다리의 야경이 아주 인상적이다. 시간의 흐름에 따라, 빛의 변화에 따라 시시각각 바뀌는 풍경이 일품이다.

　　주말이라 택시 잡기가 어려워서 숙소까지 지하철을 이용하기로 했다. 런던 다음으로 세계에서 2번째로 건설된 지하철이 지금도 움직인다. 비록 한 칸으로 된 전동차가 한 정거장만 운행하지만.

　　오늘은 제국의 뿌리를 밟고, 그 수도로 다시 돌아온 날이다.
　　묘소 앞의 정적, 실크 장터의 분주함, 전망대 위의 황홀한 파노라마, 탁심의 북적임까지.
　　여행의 끝자락에서 우리는 이 도시를, 이 나라를 조금 더 사랑하게 되었다. 내일이면 돌아가야 한다는 사실이 믿기지 않을 만큼, 오늘의 이스탄불은 여운이 깊다.

10일 차

4월 21일 월요일

작별을 위한 마지막 산책

마지막 아침은 햇살이 유난히 따뜻했다. 맑고 푸른 하늘, 기온 9~21도. 그야말로 여행을 마무리하기에 딱 좋은 날씨다.

짐을 챙겨 숙소를 나선 우리는 아직 이별할 준비가 되지 않은 듯, 천천히 이스탄불 시내로 향했다. 가는 길, 도로 전면에 불쑥 나타난 로마식 수도교 유적이 눈에 들어온다.

아무렇지도 않게 도시 일상 속에 녹아 있는 고대의 흔적.

이곳의 시간은 늘 현재와 과거가 겹쳐 흐른다.

첫 목적지는 이스탄불 대학교 앞 베야지드 광장이다.

광장이 무척 넓은데 비잔틴 제국의 가장 큰 광장이었다고 한다. 광장에 있는 모스크를 지나면 책방들이 모여 있는 거리가 나온다. 옛 도서들과 문구류 등을 판매하는 앤티크한 분위기의 장소다. 학창 시절로 돌아가는 기분을 느끼게 해 주는 장소다.

책방 거리를 지나면 바로 그랜드 바자르(Grand Bazaar)와 마주한다.

이스탄불에 왔다면 반드시 들러야 할 시장으로, 그 규모가 어마어마하다. 화려함과 복잡함이 공존하는 바자르!

역시 이곳에서도 남성들만이 장사하는데, 이슬람 사회가 여성 참여를 원천적으로 봉쇄하는 문화가 있다더니…. 이곳에는 금은방이 다수인 가운데 가죽 제품, 실크 제품 등을 파는 가게와 함께 세계 유명 상표의 짝퉁 상품을 취급하는 상점도 매우 많았다.

그랜드 바자르 입구 문들

내부로 들어가면 상점들이 잘 정돈되어 있어서 쇼핑하기 편하다.

한 상점에서 가방 하나를 구입했는데 상인의 상술이 매우 재미있다. 가게 주인은 자기 친척이 한국에 살고 있고, 한국과는 형제 나라라고 운운하면서 매우 친근하게 대한다. 젊은 아들하고 함께 장사하는데, 어릴 적부터 장사를 가르치는 문화가 있는 듯하다.

그랜드 바자르를 떠나 천천히 걸어 도심 중심부로 향했다.
다양한 색상의 트램이 자주 눈에 띄었다.

로마 황제 콘스탄티누스가 만든 기념비를 멀리서 사진만 찍고 지나갔다. 그 기념비는 너무 오래되어서 손상과 복원이 반복되다 보니 지금은 철판으로 간신히 보강해서 버티고 있다고 한다. 권력의 무상함이 느껴진다.

길거리 군것질로 안성맞춤인
군밤을 지나칠 수 없어서…

술탄 아흐메트 광장에 도착했다. 이곳은 이스탄불의 역사적 중심지로, 로마와 오스만 제국 시절에 경마장으로 사용된 장소라고 한다. 광장에는 이집트에서 가져온 테오도시우스 오벨리스크, 콘스탄틴 오벨리스크, 뱀 기둥 등이 광장을 돋보이게 한다.

함께 여행한 고마운 친구들…

　광장을 가로질러 마주 보고 있는 두
건축물, 블루 모스크와 아야 소피아.
　이슬람과 기독교, 오스만과 비잔틴
이 한눈에 공존하는 이 풍경은 이스
탄불 그 자체였다. 블루 모스크는 인
파가 너무 많아 안으로 들어가지 못
하고, 중정만을 둘러봤다. 하지만 그
석청색 돔과 하늘을 찌르는 미나렛만
으로도 충분히 웅장함을 느낄 수 있
었다.

아야 소피아 사원 앞 소공원

최근 아야 소피아 박물관은 모스크로 변경되어 1층은 출입할 수 없고 2층에서 관람하도록 바뀌었다. 과거에는 무료였는데 지금은 입장료도 제법 많이 받는다.

내부에 들어선 순간 너무 웅장하고 아름다워 숨이 멎는 듯하다. 천정의 돔, 빛과 어둠이 교차하는 공간에 들어서니 황홀함을 느끼게 된다.

모스크로 바뀌어 1층 바닥을 푸른 카펫으로 새로 덮어 정숙하면서도,
40개의 창을 통해 쏟아지는 자연광으로 인해 신비롭고 성스러운 분위기
를 자아낸다.

지름 약 32m, 높이 약 55m의 거대한 중앙 돔은 하늘에 떠 있는 듯한 효과를 보여 준다.

이곳은 서기 537년부터 약 900년간 기독교의 대성당이었다가 이슬람 지배하에 들어가면서 약 500년간 모스크로 사용되었다. 그러다가 터키 공화국의 세속화 정책에 따라 박물관으로 개방되었고, 기독교 벽화와 이슬람 장식이 공존하는 독특한 박물관으로 활용되며 해외 관광객의 많은 사랑을 받아왔다. 현 정부 정책에 따라 2020년부터 다시 이슬람 사원으로 기능하고 있다. 무너진 것이 아닌, 덧씌워진 시간의 흔적들이 서로를 가리며 공존하는 모습이다.

건축 양식은 로마식 돔, 동방 정교회의 신비로운 장식과 이슬람 미나레와 아랍어 서예가 혼합된 양식을 띠고 있다. 초기 비잔틴 모자이크는 마리아, 예수, 황제 등을 표현하고 있는데 일부는 회벽으로 가려졌다가 복원되고 다시 가려지기를 반복했다.

최근 모스크로 되면서 기독교 유물과 그림이 많이 가려졌다고 한다. 대표적인 성모 마리아와 예수님의 성화가 흰 천으로 가려져 있다. 장소를 이동하면 가려진 성화가 비스듬히 보였다.

이 모자이크 벽화는 비잔틴 제국의 황제 부부가 예수님과 마리아에게 헌정하는 장면으로, 권력과 신앙의 결합을 보여 준다.

데이시스(Deësis)

데이시스(Deësis)는 13세기 후반의 모자이크 작품으로, 가장 유명하고 감동적인 비잔틴 모자이크 작품 중 하나이다. 그리스어로 간청을 의미하는 데이시스는 최후의 심판을 상징하며, 예수님 왼편의 성모 마리아와 오른편의 세례 요한이 인류를 위해 예수께 자비를 구하는 장면이다.

황제만이 출입할 수 있었던 정문 위에 장식된 모자이크는 아야 소피아에서 가장 중요한 모자이크 중 하나로, 비잔틴 제국의 신정정치 체제를 상징한다. 아야 소피아를 방문하는 황제는 이 모자이크 아래를 통과하면서, 자신의 권위가 하늘로부터 왔음을 자각했다는 상징적 공간이다.

점심은 근처 한식당 고려정에서.
육개장, 오징어볶음, 부침개가 식
탁 위를 채웠고, 오랜만에 먹는 고
국의 맛에 모두가 만족했다. 내일
이면 돌아가 다시 먹을 수 있는 음
식이지만, 여행 중에 만난 한 끼는
왠지 더 따뜻했다.

점심 후, 보스포루스 해협 유람선을 타는 항구로 이동했다. 우리만을
위해 준비된 배에 올랐다.

배는 천천히, 아주 천천히 골든혼의 풍광을 담으며 흘러간다. 바닷바
람은 부드럽게 뺨을 스치고, 도시의 풍경은 수채화처럼 펼쳐진다.

갈라타 탑과 어제 저녁 식사를 했던 루프탑(사진의 동그라미 안)이 보인다.

19세기 모스크

돌마바흐체 궁전

보스포루스 대교 밑 모스크

오랜 여행에 지친 몸을 잠시나마 편하게 쉬는 모습이 정겹다.

유람선은 보수포루스 대교 밑에서 회항한다.

해협을 지나가는 군함도 종종 볼 수 있다.

과거 해양 감시 초소로 사용되던, 바다 가운에 떠 있는 Maiden's Tower를 지나간다. 배 타고 건너가서 전망대에 올라갈 수 있고, 레스토랑도 이용할 수 있다고 한다.

갈라타 다리 아래층에 있는 카페들

저녁 6시, 공항에 도착해서 짐을 부치고 비즈니스 라운지로 향했다. 이스탄불 공항 라운지는 규모도, 분위기도, 음식도 마치 작은 호텔 같았다. 다소 붐볐지만 식사를 하고 커피를 마시며, 튀르키예 여행 과정을 되짚어 보는 장소로는 만족스러웠다.

밤 9시, 이스탄불과 작별했다.
비행기가 이륙하는 순간, 바다와 도시와 기억이 함께 멀어졌다.
아쉬움은 짙었지만, 그만큼 여행은 완성되어 가고 있었다.

에필로그

여행은 끝났다.

짐을 풀고 다시 일상의 자리로 돌아온 지금, 몸은 한국에 있지만 마음은 여전히 튀르키예의 하늘 아래 머물러 있다.

카파도키아의 하얀 설경을 처음 마주했던 아침, 괴뢰메의 설경을 바라보며 커피를 마시던 그 조용한 카페, 데린구유 지하 도시에서의 시간 여행, 메블라나 박물관에서 본 회전춤의 고요한 아름다움, 비시디아 안디옥에서 만난 바울의 발자취, 파묵칼레의 하얀 석회 절벽을 따라 맨발로 걸었던 그 느낌, 에페소스의 돌길을 따라 바람처럼 흐르던 시간, 부르사에서 본 오스만 터키의 역사와 문화, 그리고 아야 소피아에서 맞이한 빛의 향연과 유람선에서의 아쉬움, 루프탑 식당에서 바라본 이스탄불의 불빛들….

그 모든 장면이 눈을 감으면 선명하게 떠오른다.

열기구를 타지 못해 아쉬웠던 날조차 설경이 대신해 주었고, 다소 엉성했던 식사조차 웃음 덕분에 따뜻했다.

함께 걸었던 길, 함께 나눴던 식사, 함께 웃었던 작은 농담 하나까지도
이 여행의 한 페이지가 되어 가슴속 깊이 남아 있다.

누군가는 말했다. "이런 여행, 다시 갈 수 있을까?"
우리는 그때 고개를 끄덕였다. 그리고 마음속으로 약속했다. 이 여행
은 끝이 아니라, 다음 여정을 향한 시작이라는 것을.
튀르키예에서 걸었던 모든 길이 우리에게 말해 줬다. 지금도 늦지 않
았고, 여전히 걸을 수 있으며, 또 다른 여행이 우리를 기다리고 있다고.

그래서 다시 떠나고 싶다. 다음 목적지는 어디가 될까? 포르투갈과 스
페인?
세비야의 해질녘 골목길을 걷고, 톨레도의 언덕 위에서 석양을 바라보
며, 리스본의 트램에 몸을 맡기고, 포르투의 강가에서 와인 한잔을 나누
는 날을 상상해 본다.

우리는 다시 길 위에서 만날 것이다. 언젠가처럼 가벼운 짐과 설레는
마음만 챙겨서.
다시, 우리 함께 떠나요. 바람 따라, 햇살 따라, 우정 따라.